BEI GRIN MACHT SICH IHR WISSEN BEZAHLT

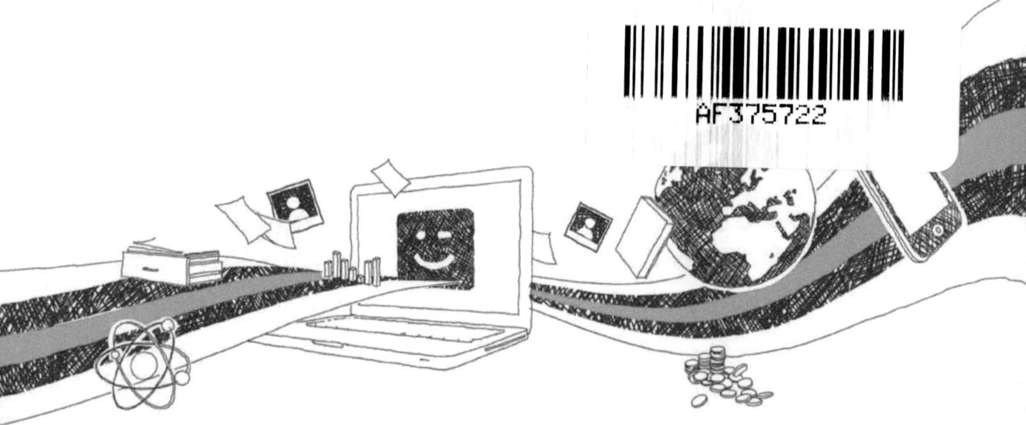

- Wir veröffentlichen Ihre Hausarbeit, Bachelor- und Masterarbeit

- Ihr eigenes eBook und Buch - weltweit in allen wichtigen Shops

- Verdienen Sie an jedem Verkauf

Jetzt bei www.GRIN.com hochladen und kostenlos publizieren

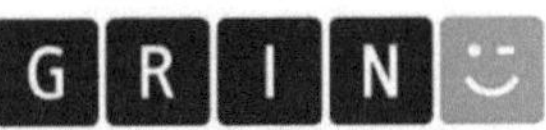

Sebastian Kneißl

Klartext Kunst

Band 4

GRIN Verlag

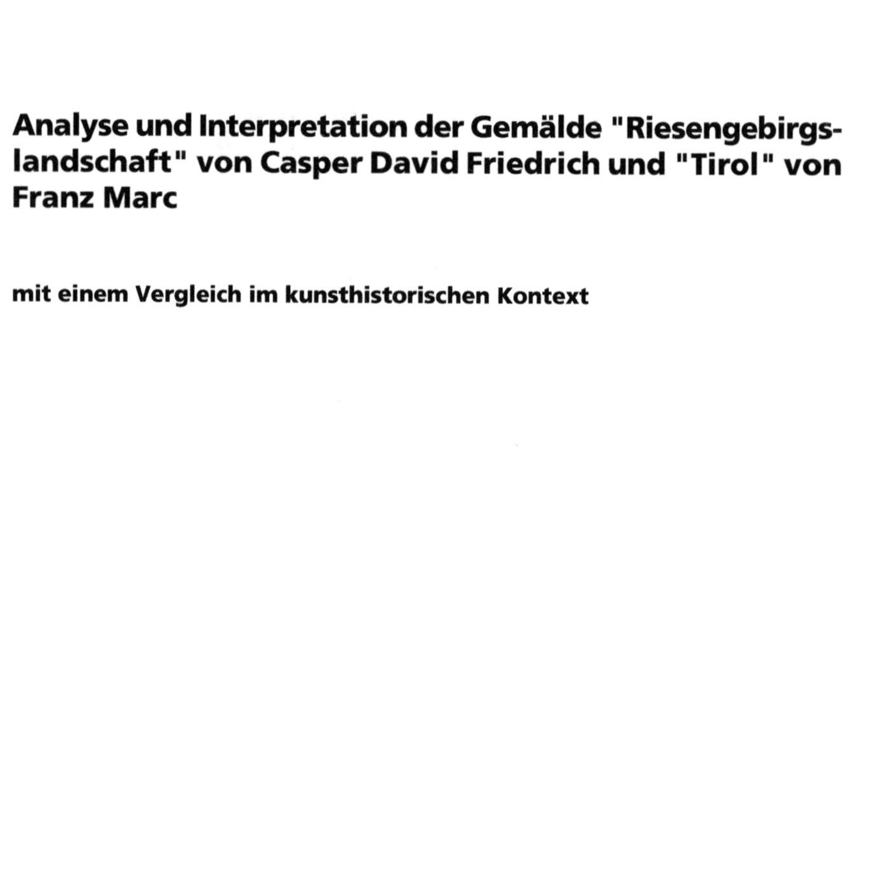

Analyse und Interpretation der Gemälde "Riesengebirgs-landschaft" von Casper David Friedrich und "Tirol" von Franz Marc

mit einem Vergleich im kunsthistorischen Kontext

GRIN Verlag

Bibliografische Information der Deutschen Nationalbibliothek:

Die Deutsche Bibliothek verzeichnet diese Publikation in der Deutschen National-
bibliografie; detaillierte bibliografische Daten sind im Internet über http://dnb.d-
nb.de/ abrufbar.

Impressum:

Copyright © 2012 GRIN Verlag GmbH
Druck und Bindung: Books on Demand GmbH, Norderstedt Germany
ISBN: 978-3-656-39553-9

Dieses Buch bei GRIN:

http://www.grin.com/de/e-book/207285/analyse-und-interpretation-der-gemaelde-
riesengebirgslandschaft-von-casper

Aufgabenstellung:

Analysieren und Interpretieren Sie die beiden genannten Werke und vergleichen Sie diese anschließend unter besonderer Berücksichtigung ihres jeweiligen kunsthistorischen Kontextes!

Casper David Friedrich "Riesengebirgslandschaft" (ca. 1810) Öl auf Leinwand 55,5 x 70 cm	Franz Marc "Tirol" (1913/1914) Öl auf Leinwand 135,7 x 144,7 cm

Gliederung

A) Casper David Friedrich - Riesengebirgslandschaft
1. Erster Eindruck
2. Beschreibung des Werkes
3. Bildanalyse
3. 1 Schriftliche Analyse
3. 1. 1 Komposition
3. 1. 2 Farbgebung
3. 1. 3 Körperhaftigkeit (Lichteinfall / Plastizität)
3. 1. 4 Räumlichkeit
3. 1. 5 Materialverwendung (Farbauftrag)
4. Interpretation

B) Franz Marc - Tirol
1. Erster Eindruck
2. Beschreibung des Werkes
3. Bildanalyse
3. 1 Schriftliche Analyse
3. 1. 1 Komposition
3. 1. 2 Farbgebung
3. 1. 3 Körperhaftigkeit (Lichteinfall / Plastizität)
3. 1. 4 Räumlichkeit
3. 1. 5 Materialverwendung (Farbauftrag)
4. Interpretation

C) Vergleich beider Werke bezüglich kunsthistorischen Kontextes

D) Anhang
1 Skizzen – Casper David Friedrich
1. 1 Blankoskizze
1. 2 Komposition
1. 3 Bildaufteilung
1. 4 Blickverlauf
1. 5 Farbaufteilung
2. Skizzen – Franz Marc
2. 1 Blankoskizze
2. 2 Komposition
2. 3 Bildaufteilung
2. 4 Blickverlauf
2. 5 Farbaufteilung

A) Casper David Friedrich - Riesengebirgslandschaft

Um den Überblick zu wahren und die Gedankengänge innerhalb der Gliederungspunkte möglichst kohärent zu halten, wird im Folgenden zunächst nur Casper David Friedrich „Riesengebirgslandschaft" untersucht und analysiert, bevor in einem weiteren Punkt auf Franz Marcs „Tirol" und letztlich auf den Vergleich beider Werke eingegangen wird.

1. Erster Eindruck

Casper David Friedrichs Ölgemälde „Riesengebirgslandschaft" zeigt, wie der Titel verdeutlicht eine Gebirgslandschaft. In dem von ihm gewählten Ausschnitt sind sowohl ebene Felder, kleinere Baum- und Buschreihen, Häuser und eine Bergkette zu erkennen.

Im vorderen Bereich erstrecken sich ebene, weite Felder, die teilweise schon bestellt sind beziehungsweise dieser Vorgang gerade ausgeführt wird. So erkennt der Betrachter im vorderen Abschnitt, rechts von der Mitte einen Mann mit Pferd, der gerade dabei ist, seinen Acker zu bestellen. Vom linken Bildrand, circa im unteren Drittel erstreckt sich eine Baumkette, die in Büschen und Sträuchern endet. Dahinter sind ein Kirchturm und Hausdächer zu sehen. Im Mittelgrund dehnen sich helle, gelbe Felder, die sich vom restlichen, eher dunkleren Bild abheben aus und durch einzelne Baumreihen gegliedert werden. Der Vordergrund ist in erdigen Braun-, Grün- und Ockertönen gehalten und der Hintergrund ist in bläuliches, violettes und zartes gelb getaucht. Die Berge des Hintergrundes können in zwei Bereiche geteilt werden, einmal in die klareren, blauen und grünen vorderen Gebirgsketten. Und davon heben sich die verklärenden, verschwimmenden violett, gelblichen, im Dunst stehenden Bergketten dahinter ab. Diese sind für den Betrachter schwerer zu erkennen.

Alles in allem präsentiert Casper David Friedrich eine monströse Gebirgskette die in wiederkehrende Farbbereiche unterteilt ist. Schließlich wird auch für den Betrachter die weite und erhabene Natur dieser Landschaft ersichtlich.

2. Beschreibung des Werkes

Die naturnahe Szene erzielt vor allem durch die extremen Lichtverhältnisse, stimmungsvolle Farbgebung und der Betonung der heroischen Landschaft - die Person tritt durch ihre kleine Größe klar in den Hintergrund - ihre eigentümliche Wirkung. Mit Blick auf das Entstehungsjahr ca. 1810 lässt sich das Gemälde „Riesengebirgslandschaft" von Friedrich, der als ein Hauptvertreter der Romantik gilt, dieser Epoche zuordnen. Die Ölfarbe ist in dünnen, lasierenden Schichten auf die mit den Maßen 55,5 x 70 cm querformatige Leinwand aufgetragen. Diese unterstreicht die horizontalen des Bildes und dadurch seine Wirkung. Nicht zuletzt ist der thematische Aspekt des Naturstudiums ein für diese kunstgeschichtliche Epoche typisches Motiv. So ist auch Casper David Friedrich (geb. 1774, gest. 1840) vor allem für seine extrem imposanten Natur- und Landschaftsdarstellungen bekannt, wie zum Beispiel ‚Kreidefelsen auf Rügen'.

Das vorliegende gegenständliche, natürliche Werk Friedrichs, zeigt einen Blick auf eine Landschaft mit Feldern und Bergen im Hintergrund. Die Felder im Vordergrund, die bereits zum Teil bestellt wurden, sind durch Gräben und/oder Busch- und Baumketten unterteilt. Das dem Betrachter am naheliegendste Feld, wird durch einen dunklen Graben mit Büschen - der vom linken Bildrand leicht schräg bis an den rechten Bildrand läuft - von den anderen Feldern abgegrenzt. Rechts im Bild, circa auf ein Viertel der Höhe vom unteren Bildrand befindet sich ein großer Baum, der vom Bildrand leicht angeschnitten ist. Auf selber Höhe zieht sich ein kleiner Busch in das Bild innere. Etwas dahinter und etwas mittiger, erblickt der Betrachter beim genauen Hinsehen einen Mann, der gerade dabei ist mit seinem Pferd das Feld zu bearbeiten. Wenn der Betrachter nun seinen Blick etwas weiter nach hinten zur Bildmitte schweifen lässt, erstreckt sich dort eine Buschkette zum linken Bildrand, wo sie in einer Baumkette endet. Diese Vegetationskette wird durch eine Kirche und zwei Häuser aufgelockert. Im Mittelgrund erstreckt sich eine hügelige, hell erstrahlte Landschaft, die ebenfalls von Bäumen und Sträuchern durchzogen ist. Diese teilen die Felder untereinander auf und geben der Landschaft eine natürliche Struktur. Dahinter, sehr zentral im Bild, schließt sich ein bewaldeter Berg an, auf dem sich eine kleine, für den Betrachter schwer erkennbare Burg befindet. Die Waldlandschaft dieses mittleren Berges zieht auch einzelne Baumreihen in den vorderen, helleren Bereich des Bildes. Hinter diesem Berg erscheinen dem Betrachter weitere Berge. Der Hintergrund ist ein zwei Bereiche zu unterteilen. So ist die vordere Bergkette klarer und nur sehr leicht verunklärt. Dieses Verunklären tritt vor allem oberhalb des Zentrums als Form von leichtem Nebel auf. Die Berge dahinter präsentieren sich dem Betrachter in einer anderen Farbigkeit und sind von dem Himmel kaum zu unterscheiden. Die Bergketten des Hintergrundes werden sowohl von dem rechten, als auch von dem linken Bildrand jeweils abgeschnitten.

Durch die gründliche Naturdarstellung und die stimmungsvolle Farbgebung wird der Eindruck einer realen Landschaftssituation geweckt. Die extremen Lichtverhältnisse und der Kontrast zwischen hell und dunkel zeigen dem Betrachter eine gegenständliche, tiefe Situation. Die Natur tritt in den Vordergrund und Mensch wird zur Staffage. Die Felder, obwohl sie vom Menschen beackert sind bzw. werden sind trotzdem durch natürliche Elemente strukturiert und das vom Menschgeschaffene steht im Einklang mit der Natur. Der kulissenartige, aufgebaute Raum mit seinem Verklären im Hintergrund erzeugt eine naturnahe Raumsituation. Der Blick des Betrachters kann durch die Landschaft schweifen.

3. Bildanalyse

Die Bildanalyse versteht sich als eine Kombination theoretischer Analyseabschnitte, deren Erkenntnisse auf zuvor angefertigte und in zusätzlichen Arbeitsblättern beigefügten Skizzen beruhen. Da die schriftliche Analyse im Vordergrund steht und die Skizzen nur als Hilfe dienen und hauptsächlich für den Verfasser als Stützte gedacht sind, sind diese, eher praxisorientierte Hilfestellungen am Schluss in einem separaten Anhang angeführt.

3. 1 Schriftliche Analyse

In der folgenden schriftlichen Analyse wird das vorliegende Werk nun nach traditionellen Kriterien wie Komposition, Farbgebung, Körperhaftigkeit, Räumlichkeit und Materialverwendung unter Einbeziehung der angefertigten Skizzen erörtert.

3. 1. 1 Komposition

Die Weite der Landschaft, die dargestellt ist, wird durch die Wahl des Querformats unterstrichen. Das Format wirkt zusätzlich zur dargestellten Naturszene sehr ruhig und einheitlich. Die deutlichen Größenunterschiede der Bäume, am rechten Bildrand der große Baum und links die Baumkette führen zu einem proportionalen Gleichgewicht im Bild. Friedrich betont vor allem die Horizontale, die sich von links nach rechts an der Baumkette durch das Bild zieht (vgl. D 1.2 Kompositionsskizze). Diese hat ebenfalls eine ruhige und sanfte Wirkung auf den Betrachter. Die Nähe zum Betrachter wird vor allem durch die Bäume und den Kirchturm, die senkrecht im Bild stehen erzeugt. Auch die Berge im Hintergrund ragen senkrecht aus den Feldern hervor und ziehen den Blick des Betrachters in das Bild und somit in die Tiefe und Weite der Landschaft. Die Steigungen im Bild werden oft durch entsprechende Gefälle, wie bei dem Berg mit Burg in der Mitte aufgehoben und entkräftet in ihrer Wirkung. Doch überwiegen die Steigungen und erzeugen eine wirkmächtige Wirkung. Es kommt klar der Ausdruck von Größe und Dimension zum Vorschein. Ein unentkräftetes Gefälle bildet der Graben im Vordergrund, doch erzeugt er einen Zugang für den Betrachter in das Bild.

Das Bild „Riesengebirgslandschaft" von Friedrich kann in drei Teile gegliedert werden. Das untere Drittel bildet der Vordergrund mit seinen Feldern, das Zweite der Mittelgrund mit den hügeligen Feldern und dem zentralen Berg. Der Hintergrund, das dritte Drittel bilden die Berge und der Himmel. Dadurch erscheint das Bild sehr übersichtlich und geordnet. Die allgemeine Richtungstendenz ist horizontal und wir durch diese Aufteilung und extreme Betont durch die Baumreihen und den farblichen Abgrenzungen. Durch die gleichmäßige, natürliche Reihung der Berg- und Baumketten entsteht für den Betrachter eine klare und übersichtliche Ordnung. Er kann sich sehr genau durch das Bild arbeiten und die einzelnen Aspekte sehr genau rauslesen. Dies wird durch Ballungen erleichtert, hierzu vergleiche man die Baumketten und kleinen Wälder, die die Konzentration des Betrachters anziehen. Und somit auch wieder eine Nähe zum Betrachter herstellen.

Alles in allem wirkt die Komposition aufeinander abgestimmt und sehr durchdacht, jedoch erst auf den zweiten Blick. Der Betrachter wird mit Hilfe von einzelnen kompositorischen Mitteln in das Bild hineingezogen. Es gibt auch Momente im Werk in dem der Betrachter zur Ruhe kommt und sein Blick, serpentinenartig durch das Bild gelenkt wird. Es ist ein sehr ausgewogenes, kompositorisches Werk Friedrichs, das den Betrachter in seinen Bann zieht. Ein Wechselspiel zwischen natürlicher Landschaft und künstlich, arrangierter, geschaffener Natur offenbart sich dem Betrachter. Friedrich präsentiert eine unendliche Landschaft, welche dem Betrachter

Ruhe und Ewigkeit vermittelt. Durch das Querformat und der gestaffelten Komposition unterstreicht er den horizontalen Charakter und vermittelt Harmonie und Ausgewogenheit.

3. 1. 2 Farbgebung

Vorherrschende Farben in diesem Bild sind erdige, natürliche Farbe. Die Gelb- und Ockertöne in der Mitte sind genauso auffallend, wie die Violett- und Gelbtöne im oberen Bereich des Bildes. In den vorderen Feldern überwiegen vor allem dunkle, erdige Grüntöne, die mit Braun versetzt sind. Nur von links nach rechts, vor dem Graben zieht sich ein etwas hellerer brauner Streifen entlang. Diese olivgrünen Felder werden zur linken Baumkette etwas heller, was sich dann auch auf den Feldern hinter dem Graben fortsetzt. Der Mann, der in diesen ockerbraunen Feldern arbeitet, ist auch in Braun-Grüntönen gekleidet. Er hebt sich nur durch sein schwarzes Haupt und ebenfalls schwarzes Ross von der Landschaft ab. Die dahinter liegenden Felder sind in verschiedenen Gelbnuancen gemalt und werden durch blass grüne Baumreihen durchbrochen. Die stehen zu den kräftig, dunklen, fast schon schwarzen Bäumen im vorderen Bereich, vergleiche hier vor allem die linke Baumreihe. Ein einziger kleiner farbiger Akzent lässt sich an der Kirche festmachen, die ein blass rotes Dach besitzt, das sich aber in die gelben, umliegenden Felder einreiht und somit kaum auffällt. Rechts der Berg, wird in den Ockertönen der Felder weitergeführt und endet in einen hellem grün, wie auch der kleine Hügel vor dem Berg mit der Burg. Diese graue Burg, wird von einem sehr satten, dunklem grünen Wald umgeben, welcher sich in den umliegenden Bergen und Hügeln fortsetzt. Jedoch wird das Grün etwas blasser und verliert an Kraft, durch das Weißliche des Nebels. Dennoch heben sich diese grünen Hügel immer noch von den dahinter liegenden Hügeln ab. Da diese vollkommen in einem gelblichen, violetten und rosigen Dunst liegen. Einzig und allein in der linken, oberen Bildhälfte sind noch grün-graue Abschnitte auf den Bergen zu erkennen. Diese doch etwas verschwimmende Farben im Hintergrund laufen in den weiß-gelb-blau Farbigen Himmel über. Je näher die Berge dem Himmel kommen umso heller und weißer werden sie.

Friedrich verwendet im Vordergrund reine Farben, dagegen im Hintergrund getrübte und vermischte Farben. Die einzelnen Farbflächen sind manchmal stärker, manchmal schwächer voneinander abgrenzt. So grenzen sich die mittleren Berge, vor allem der Berg mit der Burg klar von den Feldern und den hinteren Bergen ab. Dagegen gehen die Berge ganz hinten bzw. oben fast nahtlos in den Himmel über und verschmelzen fast schon mit ihm. Friedrich verwendet vor allem erdige Töne, die in der Natur vorkommen. Die Farbgestaltung unterstreicht die Tiefenwirkung, die bereits bei der Komposition festgestellt wurde. Auch sind die Farben ausgewogen und entsprechen der landschaftlichen Farbgebung des gewohnten Betrachterbildes.

3. 1. 3 Körperhaftigkeit (Lichteinfall / Plastizität)

Von links fällt ein Lichtstrahl auf die Landschaft und dieser erhellt die gelben Felder. Dies ist auch an den Bergen zu erkennen, da die linke Seite jeweils heller erscheint als die rechte. Darum ist auch die links am Bildrand liegende Bergkette, die von links oben nach rechts unten läuft auch gründlicher, als der Rest der oberen Bergkette, da dort kein Licht hinfällt. Festzuhalten ist noch, dass die Lichtquelle außerhalb des Bildes liegt. Durch den Einfall des Lichts, der sich vor allem auf den mittleren Bereich des Bildes konzentriert tritt auch klar die kleine Kirche und ihr Kirchturm hervor und wird beleuchtet, wohingegen die Baumkette, genau auf der Seite beleuchtet wird, die dem Betrachter abgewandt ist. Somit liegt der vordere und hintere mittlere eher im Schatten und nur die gelben Felder und die dunstigen Berge und der dunstige Himmel in Hintergrund werden beleuchtet bzw. reflektieren das Licht.

Das Licht spiegelt sich außerdem in dem Dunst und Nebel, der die oberen und hinteren Berge umgibt. Was zum Teil auch die extreme Farbgebung begründet. Dies Tiefenwirkung und Lichtverhältnisse erreicht Friedrich durch die Sfumatotechnik, indem er den Hintergrund immer unschärfer werden lässt. Es existieren keine klaren Umrisse beziehungsweise Linien, alles erscheint nebulös, wie von einem Schleier umgeben. Die Verwendung des Sfumato zeigt sich daran, dass die einzelnen Formen nicht von schwarzen Konturen umgeben sind, sondern sich durch ihre Farbigkeit voneinander abgrenzen. Das ganze Werk ist in ein natürliches Licht getaucht.

3. 1. 4 Räumlichkeit

Die natürlichen Lichtverhältnisse, wie auch die Technik des Sfumato wirkt auf die dargestellte räumliche Situation. Es entsteht eine Tiefenwirkung und der Raum erscheint dem Betrachter als sehr real, als stünde er vor dieser Natur. Somit liegt eine realitätsgetreue Perspektive - Luftperspektive - vor und der Betrachter kann sich dieser auch annehmen, da sie ihm bekannt ist. Was durch die Anhäufungen und Staffelungen verstärkt wird, eben durch eine Darstellung einer ‚natürlichen' Natur, die nicht künstlich verändert wurde.

Eben durch die genannten Aspekte entsteht eine Tiefenwirkung, die den Betrachter in das Bild holt. Durch die Technik des Sfumato, was im Bereich der Farbe eine Verblassung und Verblauung in der Tiefe, also im Hintergrund bedeutet wird diese Tiefe und Weite bekräftigt. Auch die erdigen, natürlichen Farben lassen einen realen Raum entstehen, der weder künstlich noch unnatürlich wirkt. Auch sind die Bäume und Berge in ihrer Farbigkeit moduliert und machen einen räumlichen, dimensionalen Eindruck auf den Betrachter. Formen ergeben sich durch die Abgrenzung von verschiedenen Farben. Es existiert kein Schwarz, also auch keine schwarze Konturen.

Durch die Verkleinerungen der Bäume und den Größenunterschieden zwischen den Bäumen, der Person und der Burg entsteht für den Betrachter ein räumliches Gebilde. Diese Räumlichkeit verstärkt sich durch die Überschneidung und Überlagerung die im Bild einen sehr natürlichen Charakter annehmen. So Überschneiden bzw. Überlagern sich der Bäume und die Kirche, die Burg und der umliegende Wald und auch die Berge besitzen Schnittpunkte.

Schließlich liegt ein ausgewogener, räumlicher Aufbau vor, der es dem Betrachter ermöglicht sich diese Landschaft real vorzustellen. Der Künstler tritt als Architekt der Natur – einer englischen Landschaft – auf und der Betrachter bemerkt nicht, dass der

Künstler vorhanden ist und die natürliche Struktur arrangiert und angelegt hat. Es lassen sich immer wieder einzelne markante Punkte (Burgruine, Baumstamm, etc.) finden, die den Blick des Betrachters durch das Werk führen, wie der Graben, die linke und rechte Baumreihe, die Burg und auch die einzelnen, abgrenzenden Farbbereiche.

3. 1. 5 Materialverwendung (Farbauftrag)

Friedrich trägt die Ölfarben lasierend übereinander auf, vor allem in Hintergrund um die Unschärfe und das Verklären zu verdeutlichen. Dadurch erzielt er eine Tiefenwirkung, was wiederrum zur Räumlichkeit des Bildes beiträgt. Durch diesen lasierenden Auftrag erreicht er verschiedene Farbnuancen und auch das Durchschimmern und Durchscheinen der Farben unter anderen. Eben das nebelige und dunstige wie es bei der Bergkette ersichtlich wird. Schließlich wurden die Lokalfarben durch weiß aufgehellt oder durch schwarz oder braun abgedunkelt um eben verschieden Nuancen zu erreichen.

Das ineinander fließen der Farben unterstreicht die Unendlichkeit und Weite der Landschaft, was sich wiederum auf den Betrachter überträgt. Durch das lasieren tritt keine Farbnuance wirklich zweimal auf und eine natürliche Farbgebung entsteht. Kein schwarz und keine harten Kanten treten auf, alles wirkt sehr organisch und wirklichkeitsgetreu.

4. Interpretation

All diese Stilmittel bewirken, dass Friedrichs „Riesengebirgslandschaft" die Sehnsucht des Menschen und die Natur als allgegenwärtiges Göttliches (Kirche als hellste Stelle) ausdrücken. Seine Landschaft entspricht der in der Romantik vorherrschenden Ordnung, dass der Mensch in und mit der Natur lebt. So ist die Person nur Staffage und als Rückenfigur zu erkennen. Der Bauer gliedert sich sowohl farbig, als auch in seiner Tätigkeit – das Arbeiten in und mit der Natur – in das Landschaftsbild ein. Mensch wird ein mit der naturbelassenen Natur in diesem Werk. Der Bauer in diesem Bild und allgemein die Zeitgenossen der Romantik arbeiten mit der Natur, dies ist vergleichbar mit der Tat des Künstlers, der auch mit der Natur arbeitet. Friedrich schafft eine natürliche Natur, die es so geben könnte, aber dies tut es eben nicht. Der Betrachter hat die Illusion als sehe er einen echten Ausschnitt einer Landschaft, doch wurde diese von Friedrich so inszeniert als gäbe es sie wirklich.

Die Gebäude sind sehr klein und dezent, sie fügen sich in die Landschaft ein und werden mit ihr eins. Sie zerstören das Landschaftsbild nicht, sondern werden eins mit ihr. Die Gebäude sind jeweils von Bäumen oder Wäldern umgeben und erscheinen dem Betrachter nur in Ausschnitten, nie als Ganzes. Schließlich verwendet Friedrich natürliches Licht, welches das Bild in mehrere Ebenen teilt. Vorne und in der Mitte der dunklere Bereich, der im Schatten der linken Lichtquelle außerhalb des Bildes liegt. Der durch jeweils einen helleren Abschnitt begrenzt beziehungsweise unterbrochen wird. Einerseits wirken die helleren Bereiche sehr idyllisch, dagegen die dunklen eher bedrohlich. Doch überwiegt das dunkle Vordere und Mittlere, so dass Friedrich den heroischen, monströsen Charakter der Natur zum Ausdruck bringt, wie auch in anderen seiner Gemälde. Verdeutlicht wird dies durch den Titel

„Riesengebirgslandschaft", da auch Gebirgslandschaft ausgereicht hätte, doch durch das vorschieben des Wortes ‚riesen' wird der heroische Charakter erneut verstärkt. Und das bewusst komponierte Bild erhält eine melancholische Wirkung. Die natürliche Abbildung der Natur vermittelt die Mächtigkeit der Berge und der weiten Felder. Auch wenn der Bauer sich der Natur bemächtigt und sie bearbeitet und sich somit ihrer untertan macht. So ist er doch eins mit ihr (vgl. Farbgebung der Kleidung) und ist sich dessen Größe und Macht bewusst. Dies verdeutlicht sich im Kontrast der Größe der Berge und der Person, da die Person viel kleiner ist als die Bäume und Berge, obwohl sie vom Betrachter viel weiter weg sind. Die kleine Burg verdeutlicht den Einfluss und die Bedeutung des Mittelalters in der Romantik und auch den Rückzug in das Private. Die Burg, die schon zerfällt, verkörpert vergangene Zeiten und das Überdauern, als Rest von Menschgeschaffen überlebt sie diesen, wie die Natur. Auch benötigt die Entstehung und der Bau einer Burg sehr lange, wie die Bildung von einem Gebirge, Wald und einer dichten Vegetation und steht im klaren Kontrast zum kurzen Auftritt des Mensch auf der Erde.

Die Menschen zur Zeit der Romantik suchen Schutz und Zuflucht in der Natur und sind sich dessen Macht und Göttlichkeit bewusst. Dies scheint Friedrich in diesem Werk „Riesengebirgslandschaft" umzusetzen. Die Kirche bildet im hellen Mittelgrund einen Ruhepunkt und Verkörpert sowohl Ruhe als auch ein göttliches Element in der Natur. Auch mit dem Blick in die unendliche Weite, regt er den Betrachter an, die Sehnsucht und das Nachdenken über das kurze irdische Leben zu schärfen. Und durch das Verklären des Horizonts ist dem Betrachter der Blick in die Ferne beziehungsweise das Ende des Gebirges verwehrt und somit wird die unendliche Weite bestärkt. Der Betrachter erfasst das Bild sehr schnell, da es klar und bewusst komponiert ist, jedoch ist die Verweildauer sehr lang, da es keinen Anfang und kein Ende, keine links und kein rechts gibt, der Betrachter verliert sich im Bild. Die Natur überdauert den Menschen, der in sie eindringt – er baut Kirchen, Burgen, Häuser – doch besteht dies fort und der Mensch ist nur ein kurzes Aufleben in der Ewigkeit der Natur.

Das natürlich, künstliche Bild steht für Ruhe, Stille, Harmonie, Weite, Unendlichkeit, Ewigkeit und grenzenlose Weite. Zeit spielt hier eine entscheidende Rolle, so steht die Burg im zeitlichen Verfall und weist einen zeitlichen Verlauf vor. Auch das Gebirge, dessen Entstehung mehrere Jahrtausende in Anspruch nimmt präsentiert einen Zeitverlauf. Friedrich ging es dabei eine Landschaft zu formen, die wie eine naturnahe zu scheinen vermag, um die Sehnsucht und das verlieren in der Natur zu verdeutlichen.

B) Franz Marc – Tirol

1. Erster Eindruck

Der Titel von Franz Marcs Werk „Tirol" lässt nichts vom dem erahnen, was sich dem Betrachter präsentiert. Dem Betrachter wird eine Explosion von Farben, Formen und dem ersten Anschein nach ein sehr abstraktes Bild dargeboten. Das sehr farbige, verwirrende Bild wird durch schwarze dünnere und dickere Linien durchzogen und dadurch etwas beruhigt und geordnet. Die vorherrschenden Farben sind Gelb, Rot und Blau, also die Grundfarben. Doch auf dem ‚zweiten' ersten Blick lassen sich genauere Formen und Anspielungen an Gebäude und bekannte Objekte erahnen.

Franz Marc ist vor allem durch seine abstrahierte, geheimnisvolle Tierdarstellung bekannt. Er gründete zusammen mit Kandinsky 1911 die Künstlergruppe der ‚Blauen Reiter' in München, dem sich Paul Klee, Gabriele Münter und August Macke anschlossen.

2. Beschreibung des Werkes

Dieses durch Formen und Farben bestehende Bild, vermittelt nicht den fröhlichen und heiteren Charakter, den der Betrachter beim Hören des Titels „Tirol" vermutet. Eine weite, bergige Landschaft in schönen erdigen Farben, doch genau das Gegenteil setzt Franz Marc in diesem abstrakten Landschaftsgemälde von 1913/1914 um. Das Ölgemälde präsentiert sich in einem knappen Querformat (135,7 x 144,7 cm). Die Künstler des Blauen Reiters, darunter auch Franz Marc, zeichnen sich vor allem dadurch aus, dass sie extreme Farbgebung, Abstraktion und die unmittelbare Wirkung auf den Betrachter bevorzugen. Schließlich lösen sie klassische Zentralperspektive auf und vollziehen einen Bruch mit den klassischen Bildtraditionen.

Das fast quadratische Querformat des Ölgemäldes zeigt dem Betrachter ein Ausschnitt aus einer Landschaft, die abstrakt umgesetzt wurde. Diese Verbindung des Abstrakten mit einer Landschaft ist nur mit Hilfe des Titels möglich. Sowie einem kleinen Element am unteren Bildrand an dem der Betrachter kleine Felder und zwei verzerrte Häuser wahrnehmen kann. Die vorherrschenden Farbflächen werden durch schwarze Linien begrenzt und durchzogen. Das Bild ist in geometrische Formen ein- und aufgeteilt. So entstehen viele dreiecksartige Gebilde, sowie Kreis, die sich vor allem in der Mitte des oberen Bildbereichs befinden. Das Blau im unteren linken Bildteil bildet ein Dreieck und findet sich in einer rundlichen Form am unteren Bildrand wieder. Das Blau, dass sich in mehreren Stellen im Bild befindet, aber immer in verschiedenen Nuancen, beherrscht besonders den linken Bildteil in größeren Flächen. So lässt es sich noch an der rechten oberen Ecke und in Strahlen Richtung linke Bildecke entdecken. Das Orange in der Mitte des Bildes zieht sich sowohl nach unten, als auch nach oben, wobei es nach oben hin eher heller wird. Die markanteste Stelle im Bild ist sowohl die schwarzen Linien, die sich fast von der linken Bildrandmitte nach unten zeiht und astartige Ausläufer besitzt. Eine weitere prägnante Stelle bildet das etwas nach rechts verschoben Zentrum, da sich dort eine fast klare Trennlinie dem Betrachter offenbart und so Formen und Farben sich klar differenzieren. Nach Links werden die Farben heller und Formen ergeben sich automatisch durch das Aufeinandertreffen unterschiedlicher Farben. Dagegen werden zur rechten Seite hin die Farben viel trüber und dunkler und schwarze Konturen bilden Formen und grenzen verschieden Formen voneinander ab.

3.   Bildanalyse

Die Bildanalyse versteht sich als eine Kombination theoretischer Analyseabschnitte, deren Erkenntnisse auf zuvor angefertigte und in zusätzlichen Arbeitsblättern beigefügten Skizzen beruhen. Da die schriftliche Analyse im Vordergrund steht und die Skizzen nur als Hilfe dienen und hauptsächlich für den Verfasser als Stützte gedacht sind, sind diese, eher praxisorientierte Hilfestellungen am Schluss in einem separaten Anhang angeführt.

3. 1 Schriftliche Analyse

In der folgenden schriftlichen Analyse wird das vorliegende Werk nun nach traditionellen Kriterien wie Komposition, Farbgebung, Körperhaftigkeit, Räumlichkeit und Materialverwendung unter Einbeziehung der angefertigten Skizzen erörtert.

3. 1. 1 Komposition

Wie bereits angedeutet wurde, wählte Franz Marc ein sehr knappes Querformat. Durch dieses unterstreicht er sowohl die Kühle und Distanz, sowie auch die Disharmonie in der Wirkung seines Bildes. Das Werk „Tirol" präsentiert sich dem Betrachter als ein chaotisches durcheinander, bei dem es schwer fällt sich in die einzelnen Bereiche einzusehen und einzulesen. Der geometrische Aufbau bzw. Zerteilung der einzelnen Bildabschnitte verstärkt die kühle und vergrößert die Distanz zum Betrachter. Und erzeugen eine erneutes unübersichtliches Bild, da sie nicht konstant voneinander getrennt sind, sondern ineinander übergehen und kein klares Muster oder System ablesbar ist, sondern einfach willkürliche verschiedene kantige, geschwungene und gerade Formen aneinander Angrenzen. Die wenig vorhandenen Waagrechten versuchen etwas Ruhe in das Ölgemälde zu bringen, wobei sie auch die Kühle und Distanziertheit unterstreichen. Die Steigungen, die vor allem durch Farbgrenzen entstehen werden durch die Gefälle aufgehoben. Diese werden zumeist von schwarzen Balken gebildet und haben somit auch eine stärkere Wirkung auf den Betrachter, also nur die Abgrenzung von verschiedenen Farben. Auch sind die Steigungen des linken Bildteils viel geringer, als die starkfallenden Linien im restlichen Bild. Somit überwiegt eine den Betrachter überwältigende, disharmonische Stimmung im Bild. Was auch durch die komplett fehlenden Senkrechten im Bild, die Nähe und Aktion auf den Betrachter ausüben würden unterstrichen wird.

Durch diese Vielzahl an Kompositionskriterien, die alle auf ein fast identisches Ziel hinauslaufen entsteht zu Beginn für den Betrachter ein unübersichtliches und chaotisches abstraktes Bild. Er besitzt nicht die Möglichkeit seine Augen zur Ruhe zu kommen zu lassen, sondern wird von einem geometrischen Gebilde zum nächsten getrieben, dadurch, dass sie nicht klar voneinander begrenzt sind. Von der linken und rechten Ecke kann der Betrachter ein zulaufen zu Mitte am oberen Bildrand feststellen. Farben und Formen streben etwas nach hinten. Dadurch entsteht für den Betrachter eine Form, die dem einer Gebirgskette ähnelt. Der rechte dunkle Teil ist stärker als der strahlenartige linke Abschnitt, jeweils vom oberen Bereich der Mittellinie gesehen. Somit ist klar eine Tendenz nach links Unten, also eine abstrebende Wirkung auszumachen. Formen ergeben sich einerseits durch die Abgrenzung von Farben aber auch durch starke schwarze Kanten, wobei auch Formen durch diese Konturen entstehen, aber dennoch farblich differenziert gestaltet werden. Zum Teil entsteht keine Komposition, die wir, die Betrachter, von einer Landschaft erwarten würden. Schließlich herrscht keine Einheitlichkeit vor.

3. 1. 2 Farbgebung

Die Unübersichtlichkeit der Komposition setzt sich in der Farbgebung fort. So tritt keine Farbe in ihrem Ton zweimal auf, so verwendet Marc immer unterschiedliche Nuancen und Mischungen von Farben. Somit spielt die Farbe in diesem Werk eine zentrale Rolle. Das Blau im unteren und oberen Bereich des Bildes überdeckt darunterliegende Farben und dadurch entstehen auch verschiedene Blautöne. So ist das Blau am unteren Bildrand viel dunkler und kräftiger, als das in der oberen Ecke, wo anscheinend kein grau-schwarz übermalt wurde, sondern ein rot-orange Ton. Durch diese Übermalungen entstehen auch Übergänge der einzelnen geometrischen Formen, die ineinander Übergehen und sich nicht durch die Verschiedenheit der Pigmente Unterscheiden. Und die Farbübergänge sind zum Teil sehr fließend, besonders bei den Gelb, Orange und Rottönen, obwohl sie in sehr kantiger Form aneinander liegen. Das Violett im oberen linken Bildrand erscheint eher schmutzig und trüb im Vergleich zu dem Violett im echten Bildteil, das hier eher metallisch und kräftig wirkt. Was natürlich auch an dem Schwarz und dem Gelb liegt, was direkt daneben von Marc verwendet wurde. In der Mitte, im linken Abschnitt des Gemäldes sind die Farben blau, grün und violett durch weiß getrübt beziehungsweise wurde ein weißer Farbschleier darüber gelegt. Das Orange im unteren Bildbereich ist in verschiedenen Nuancen geometrisch unterteilt, von gelb-orange bis zu orange-rot. Und diese Farbgebung spiegelt sich im oberen Bereich wieder, wobei hier das Gelb dominiert und die Farben trüber und weniger kräftig sind. Das Grün im rechten unteren Abschnitt ist mir Gelb in Variation gebracht und ist in seiner Wirkung sehr kräftig und wurde ungetrübt aufgetragen. Im Vergleich stehen die wenigen grünen Segmente im linken Gemäldeabschnitt, die getrübt sind. Im rechten Gemäldeteil, vor allem ab der Mitte, herrscht vor allem eine Abmischung der Farben mit Schwarz vor. So entsteht hier ein starker Kontrast zwischen klaren Schwarz und Gelb, als auch dessen Mischung. Schließlich lassen sich in diesem Bereich auch Brauntöne finden.

Marc verwendet sehr viele Farbkontraste in seinem Ölgemälde. Sei es einerseits den Komplementärkontrast von rot-grün (rechter untere Bildbereich) und gelb-blau (rechte Bildecke). Bezüglich der Intensität macht er ebenfalls Abstufungen, so also von reinen Farben im Gegensatz zu getrübten Farben. Im unteren Bildabschnitt befinden sich eher reine Farben, dagegen im oben, vor allem im linken Bildsegment getrübte Farben. Schließlich lässt sich noch ein Warm-Kalt-Kontrast finden, der sich zwischen den gelb-orange-rotem und dem blauen Farbflächen abspielt. So wie zwischen dem ‚schmutzige', getrübten Weiß und dem satten, kräftigen Schwarz. Zum Abschluss findet man noch einen Hell-Dunkel-Kontrast, mit gelb als hellster und blau-violett als dunkelster Farbe. Die aufgezählten Kontraste befinden sich oft direkt nebeneinander und verstärken somit ihre Wirkung. In Bezug auf den Betrachter unterstützt diese Anhäufung von Kontrasten den depressiven, unübersichtlichen, distanzierten und kühlen Charakter, trotz der Verwendung von warmen Rot-Orangetönen. Die farbliche Gestaltung entspricht den expressionistischen Gegebenheiten und die abstrahierende, geheimnisvolle Darstellung von „Tirol" spiegelt die These des Blauen Reiters wieder. Es liegt keine natürliche Farbgebung vor, die wir, die Betrachter von einer Landschaft erwarten würden.

3. 1. 3 Körperhaftigkeit (Lichteinfall / Plastizität)

Die Körper, wenn man hier überhaupt von Körper sprechen kann, sind gemäß den typischen stilistischen Kennzeichen des Expressionismus gestaltet. Es sind keine eindeutigen, klare, realistische Körper und Formen zu erkennen. Es sind keine Schatten wahrnehmbar und demnach ist keine eindeutige Lichtquelle erschließbar. Der Ursprung des Lichts ist für dieses Werk jedoch auch nicht von Bedeutung, da die einzige tatsächliche Helligkeit von dem gelben und pastosen Bereich im linken, oberen Gemäldeteil und den gelb-orange-roten in der unteren Mitte gebildet wird.

Ebenso wird kein Wert auf Stofflichkeit gelegt. Alle Segmente und Elemente im Bild tragen dieselbe Oberflächenstruktur und es ist nur eine Unterscheidung bezüglich der Größe und der Intensität zu treffen. Somit liegt bei diesem Werk keine Stofflichkeit vor.

Der Künstler formt eine Landschaft. Somit tritt er klar hervor und zitiert in gewisser Art und Weise die traditionelle Landschaftsmalerei und bricht mit ihr. Franz Marc gliedert sein Werk sowohl in einen sehr kleinen Vordergrund, der etwas Ruhe ausstrahlt und den Hintergrund der bereits bei den Häusern beginnt, in steil Aufsteigende ‚Gebirgsformen'.

3. 1. 4 Räumlichkeit

Die Perspektive wird zugunsten einer flächigen Raumgestaltung aufgehoben. Wie schon bei der Stofflichkeit, muss auch die Räumlichkeit und Perspektive negiert werden. Auch wenn mit Hilfe des Titels der ein oder andere Berg oder Bergspitze erkennbar wird und der obere Bereich einen trüberen Eindruck erweckt, also eher dem Himmel entspricht, als der untere, etwas klarere Teil, liegt keine Raumwirkung vor. Wenn vielleicht auch der vordere schwarze Balken einem Ast ähnelt, mit seinem Verästelungen, so steht er zu nichts im Bilde im Bezug und wird auch von einer feinen gelb-orangen Linien von links nach rechts in der Mitte dezent übermalt. Auch die weiß-gelben Flächen auf dem blauen runden Gebilde am unteren Bildrand treten dem Betrachter wie umgeklappte Häuser entgegen, doch stehen auch diese in keinem räumlichen Verhältnisse zueinander, geschweige denn zu irgendeinem anderen Objekt in diesem Werk.

3.1. 5 Materialverwendung (Farbauftrag)

Der Farbauftrag erfolgt hier direkt auf die Leinwand. Marc trug die Farben sehr deckend und einzelne, grobe Pinselstriche sind zu erkennen. Die harten Kanten zwischen den einzelnen Farbfeldern werden sowohl durch die Kontraste, als auch durch die schwarzen Linien erzeugt. Schließlich wurden sehr kräftige Farben verwendet. Die Farben wurden direkt auf der Leinwand gemischt und teilweise wieder übermalt. Des Weiteren ist es möglich Pinselspuren zu erkennen, da die einzelnen Farben auch ineinander verlaufen und keine gerade kantige Linie vorhanden ist, sondern teilweise nur eine zackige, schwammige Kontur. Das Bild lebt durch seine Farbe und dessen einerseits spontanen, also auch durchkomponierten Farbauftrag. Die Verwendung des Materials spiegelt die Arbeitsweise der Expressionisten, ins Besondere der Gruppe ‚Der Blaue Reiter'. Für den Betrachter entsteht der Eindruck, als hätte Marc das Bild sehr schnell und radikal angefertigt, doch mit Sicherheit sind bestimmte Farben und Formen gezielt und wohlbedacht gesetzt worden. Er fegt über die Leinwand mit seinem Pinsel und erzeugt scharfe, in der Natur nicht vorkommende Formen.

4. Interpretation

Wie bereits mehrfach erwähnt, entspricht Marcs Umsetzung absolut den Vorstellungen des Expressionismus, vor allem der Gruppe des Blauen Reiters, der er angehört. Nicht nur die stilistischen Merkmale entsprechen seiner Zeit, auch der extreme Abstraktionsgrad und die ausgeprägte Farbwahl. Marc orientiert sich trotz der Abwendung von der klassischen Landschaftsdarstellung an ihr und einzelne Verweise lassen darauf schließen, wie die Häuser im Vordergrund, das starke aufbauen des Gebirges und der angedeutet Himmel im Hintergrund. Der Komplex der Natur, der sich besonders eignet sich von dem ‚normalen' Leben zu erholen und distanzieren, wird hier dem Betrachter in einem spontanen Chaos – so scheint es zumindest – präsentiert.

Den expressionistischen Künstlern ging es, wie der richtungsgebende Name bereits verrät, um den Ausdruck. Der Ausdruck – den die Impressionisten bereits mit ihren Darstellungen des Eindrucks vorbereitet haben – von Form und Farbe. Das bedeutet, nicht eine naturgetreue Darstellung als höchstes Ziel zu haben, sondern das Wesen der Dinge künstlerisch sichtbar zu machen und dabei das eigene ‚seelische' Erleben mit einfließen zu lassen. Für diese Stilrichtung waren die stilistischen Mittel von äußerster Wichtigkeit: Steigerung von Form und Farbe, Verzicht auf plastische Wirkung, Details und Stofflichkeit sowie Perspektive zu Gunsten einer flächigen, spontanen, dynamischen Wirkung, eine Reduzierung auf das Wesentliche. Auf diese Weise konnte, wie auch im vorliegenden Werk „Tirol" ersichtlich, auf malerische Weise ein Effekt erzielt werden, der den Betrachter fesselt, da er viel Zeit benötigt um sich dem Bild zu nähern und darin einzulesen. Jedoch muss der Betrachter diese Zeit auch aufbringen, weil sonst das Werk seinen Zugang verwehrt. Trotzdem baut „Tirol" eine gewisse Distanz zum Betrachter auf, sei es durch die harten, scharfen Kanten, die extrem Farbgebung oder auch direkt durch den schwarzen Ast der sich fast quer über die untere Bildhälfte ausbreitet. Dieser fordert einen gewissen Abstand des Betrachters vom Bild ein. Für den damaligen Betrachter stellte solch ein Werk eine Herausforderung dar, er war so etwas nicht gewohnt.

Inhaltlich wurden daher alltägliche Themen gewählt, welche die Künstler umgaben und sie beschäftigen sowie sich eigneten, um auf diese ausdrucksstarke Weise auf Leinwand gebannt zu werden. Gerade die ‚Falschheit‘ der Gesellschaft, die Anonymität und Verlorenheit des Einzelnen sowie das Außenseiterdasein ganzer Gruppierungen beschäftigte die Künstler. Sie waren der Überzeugung, dass ein Kunstwerk kein illusionistisches Abbild der Wirklichkeit mehr sein konnte, da die Wirklichkeit in ihrer Komplexität so unfassbar geworden ist.

In Marcs abstrakter Landschaft kommt daher eine eher chaotische, spontane Stimmung zum Vorschein. Die Vorkriegsstimmung in Deutschland macht sich sowohl in den Gefällen als auch in der extremen Farbgestaltung bemerkbar. Das vorherrschende Gefühl der Künstler, also die zeitliche, politische Situation überträgt sich durch die geometrische, unübersichtliche Zersplitterung der Landschaft auf den Betrachter. Als auch die metallische Farbgebung, die die Kühle der Zeit offenbart und die Technisierung und Fortschritt beschreibt. Die überwältigende Farbgebung erzeugt beim Betrachter Unruhe, was durch die scharfen, eckigen Formen unterstrichen wird. Nur im unteren Bereich des Bildes kommt der Blick des Betrachters etwas zur Ruhe und kann verweilen. Sonst wird das Betrachterauge ständige von der einen zur nächsten Form gehetzt. Im Ganzen strahlt Franz Marcs „Tirol“ Disharmonie aus. Es gibt keine Übergänge, alle Formen und Farben werden stark voneinander abgegrenzt, sei es durch schwarze Konturen, oder anderen farblichen Besonderheiten, wie das Angrenzen von getrübten Farben an reine Farben. Obwohl die Künstlergruppe des ‚Blauen Reiters‘ und somit auch Franz Marc einen Bruch mit der gängigen Vorstellung der Landschaftsmalerei vollzieht, widmen sie sich noch dieser Gattung. Warum widmet sich Franz Marc noch dieser Gattung?

Bei dem vorliegenden Werk benötigt der Betrachter Zeit um in das Werk zu finden und sich ‚einzulesen‘. Doch erkennt er immer wieder parallelen zur Natur und zum ‚traditionellen‘ Landschaftsgemälde. Wie die ‚Ruhezone‘ – Felder mit Häusern - im vorderen Bereich und anschließend ein abrupt in die Höhe ragendes Gebirge, das den oberen Bildrand mit einem himmelartigen Gebilde abschließt. „Tirol“ vermittelt dem Betrachter als sei es sehr spontan und schnell Entstanden. Dies steht im Kontrast zum Betrachterverhalten, der sich hier längere Zeit aufhalten muss.

C) Vergleich beider Werke bezüglich kunsthistorischen Kontextes

Im Vergleich stellt sich klar heraus, dass beide Bilder Repräsentanten ihrer Zeit sind. Friedrich mit einer natürlichen, naturnahen Landschaft und Marc mit einer expressiven, abstrakten Landschaft. Doch außer des Landschaftsmotiv haben beider wenig gemeinsam. Bei Marc ist der Bezug zu einer Gebirgslandschaft auch nur durch den Titel ersichtlich und der Begriff ‚Tirol' als Assoziation für Landschaft und Berge muss auch erst bekannt sein. Vom Aufbau kann der Betrachter dennoch Ähnlichkeiten feststellen. So bestehen beide Bilder im vorderen Bereich aus einer Ruhezone, die aus Feld(ern) und Häusern besteht, dahinter ragt steil ein Gebirge empor und das Bild wird von einen Himmel abgeschlossen, der mit den höchsten Gebirgsspitzen vermischt.

Kompositorisch betrachtet, sind beide Werke durchstrukturiert und verfolgen eine bestimmte Aufgabe. Jeder Künstler geht mit seiner Zeit und seinem Handwerk um und setzt die kompositorischen Mittel zielsetzend ein. So erzeugen beide Maler eine beeindruckende Landschaft mit unterschiedlichen gestalterischen und kompositorischen Mitteln. Obwohl die Bilder in ihrer Komposition unterschiedlicher nicht sein könnten, verkörpern sie doch die gleiche Botschaft und versuchen natürliche Landschaft zu vermitteln. Wobei Friedrichs Landschaft eine natürliche Illusion erweckt und Marcs „Tirol" nur in wenigen Abschnitten „reale" Elemente aufweist.

Der romantische Künstler vermalt die Farben fein, sauber und lasierend und modelliert seine Landschaft in eine kompositorische Räumlichkeit. Dagegen setzt Marc einzelne geometrische Farbflächen nebeneinander und zerstört bewusst jede Anmutung von Perspektive und Räumlichkeit. Schließlich orientiert sich Friedrich an den vorherrschenden Farben in der Natur und verwendet hauptsächlich erdige und natürliche Töne. Im Gegensatz dazu steht der expressionistische Franz Marc, der die Grundfarben bevorzugt und diese teilweise übereinander lagert und mit weiß oder schwarz trübt umso metallische Farbeffekte zu erreichen. So bilden die beiden Künstler aus konträren stilistischen Epochen einen Gegensatz in Bezug auf die farbliche Gestaltung und den Farbauftrag. Jedoch der Sinn und der Zweck ihrer Werke ist gar nicht mal so von großem Unterschied, beide suchen Schutz und Zuflucht in der Natur und möchten ihren Gefühlen dadurch zum Ausbruch verhelfen und diese auf den Betrachter übertragen.

In der „Riesengebirgslandschaft" erzeugt Friedrich durch die Staffelung einzelner Landschaftselemente eine Räumlichkeit und somit einen realistischen und naturalistischen Raum. Marc beschränkt sich dagegen auf den von ihm bewusst erzeugten Ausdruck von Farbe und Form. Er kontrastiert einzelne Farben und Farbfelder gegeneinander und setzt diese sowohl in warmer und kalter, als auch heller und dunkler Beziehung zueinander. Schließlich bleibt Friedrich sehr nahe an der Natur beim Raumaufbau und der Farbgebung, Marc lässt sich von ihr inspirieren und verarbeitet nach seiner eigene Überzeugung, nach den Ideen und Leitlinien des ‚Blauen Reiters'.

Friedrichs Gemälde erzeugt bei dem Betrachter eine „realistische" Wirkung. Auch wenn die Natur den Betrachter eventuell einschüchtert, wünscht er sich doch in dieser Situation sich vorzufinden. Er erzielt durch die starken hell-dunkel Unterschiede einen starken Kontrast und verdeutlicht somit die Mächtigkeit der Natur und erzeugt eine melancholische Wirkung. Das Licht und der Schatten spielen eine wichtige Rolle in der romantischen Landschaftsmalerei. Die Natur steht im Fokus und der Mensch tritt in den Hintergrund. Genau dies kommt bei diesem Bild klar zur Wirkung. Im starken Kontrast dazu steht Marcs Landschaft, die auch eine bedrückende Situation präsentiert, aber eine mit weitaus drastischeren Folgen und Ausgang. Er zerstreut seine Landschaft in unterschiedliche Flächen auf der Leinwand und der Betrachter wird aufgefordert diese zu sortieren und in seinem Kopf eine gezielte Wirkung zu erzeugen. Wo ist die Göttlichkeit der Natur in Marcs Werk? Gibt es so etwas wie eine Göttlichkeit in „Tirol", oder bricht er auch die traditionelle Landschaftsmalerei?

In beiden Werken steht der Betrachter allein vor der Natur. Bei Friedrich findet er schneller Zugang und benötigt viel Zeit, da seine Landschaft unendliche Ruhe ausstrahlt. Der Blick des Betrachters streift durch die Landschaft und hangelt sich von kleinen einzelnen Elementen, wie Bäumen, Häuser und die Burg zum nächsten, doch gibt es keine markanten Punkte bzw. Ruhepole, wo das Betrachten unterbrochen werden würde. Die Augen schweifen über die Leinwand ohne ein Ende in Sicht. Bei Marc ist es etwas anders, der Betrachter benötigt viel Zeit um die einzelnen Formen und Farben aufzunehmen, zusammenzuführen und sich in die Abstraktion einzuarbeiten. Doch durch gewisse stilistische Merkmale, wie Form und Farbe, drückt es nicht wie Friedrichs Werk Ewigkeit und Ruhe aus, sondern betont die Augenblickshaftigkeit und das Spontane. Also liegt in beiden Werken ein gewisser Zeitfaktor vor, bei Friedrich ein natürliches Werden und Vergehen, dass in einer unendlichen, ruhigen, melancholischen, nachdenklichen Situation endet. Franz Marc präsentiert einen spontanen Ausdruck, der die Augenblickshaftigkeit unterstreicht.

D) Anhang

1. Skizzen – Casper David Friedrich (A)

Für dieses Bild fiel die Entscheidung auf eine Anfertigung von fünf Skizzen. Diese umfassen eine Übersetzung des Gemäldes in eine vereinfachte, auf Umrisslinien reduzierte Zeichnung, eine Kompositionsskizze mit Darstellung des Bildzentrums, der Skizzen zur Bildaufteilung sowie dem Blickverlauf folgen und letztlich eine Verdeutlichung der Farbaufteilung von Gelb- und Grüntönen im Bild. Ausgehend von diesen fünf Hauptaugenmerken kann nun die ausführliche schriftliche Analyse des Bildes erfolgen.

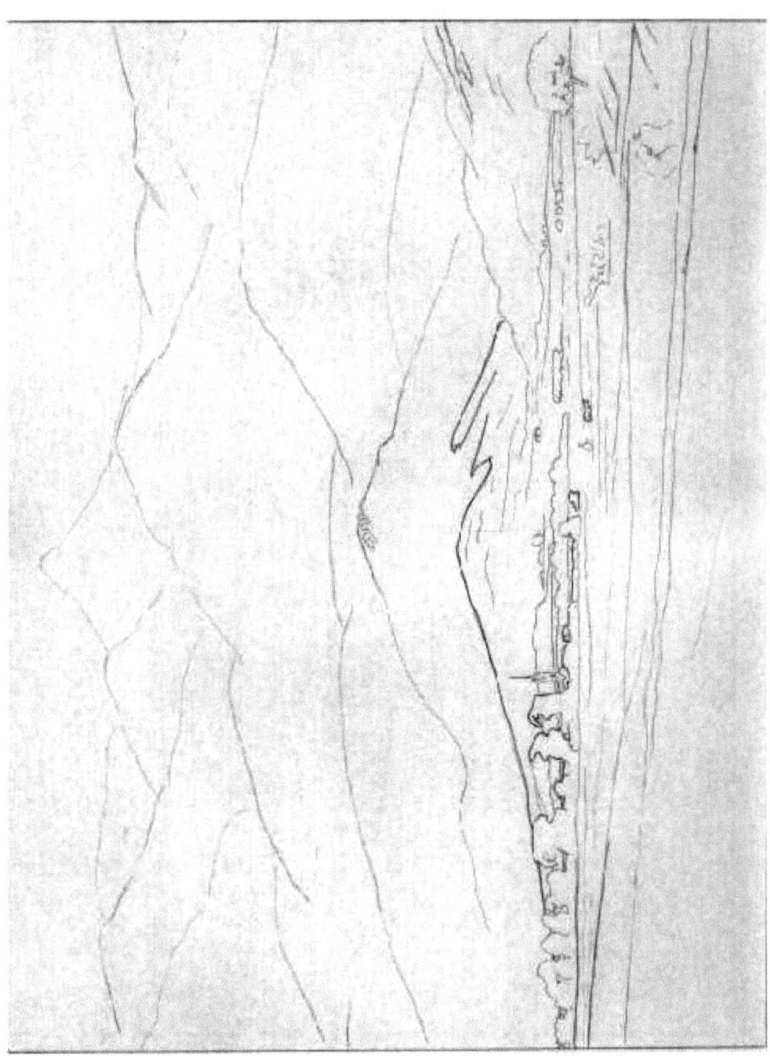

Abbildung A: 1.1 Blankoskizze

1.2 Kompositionsskizze

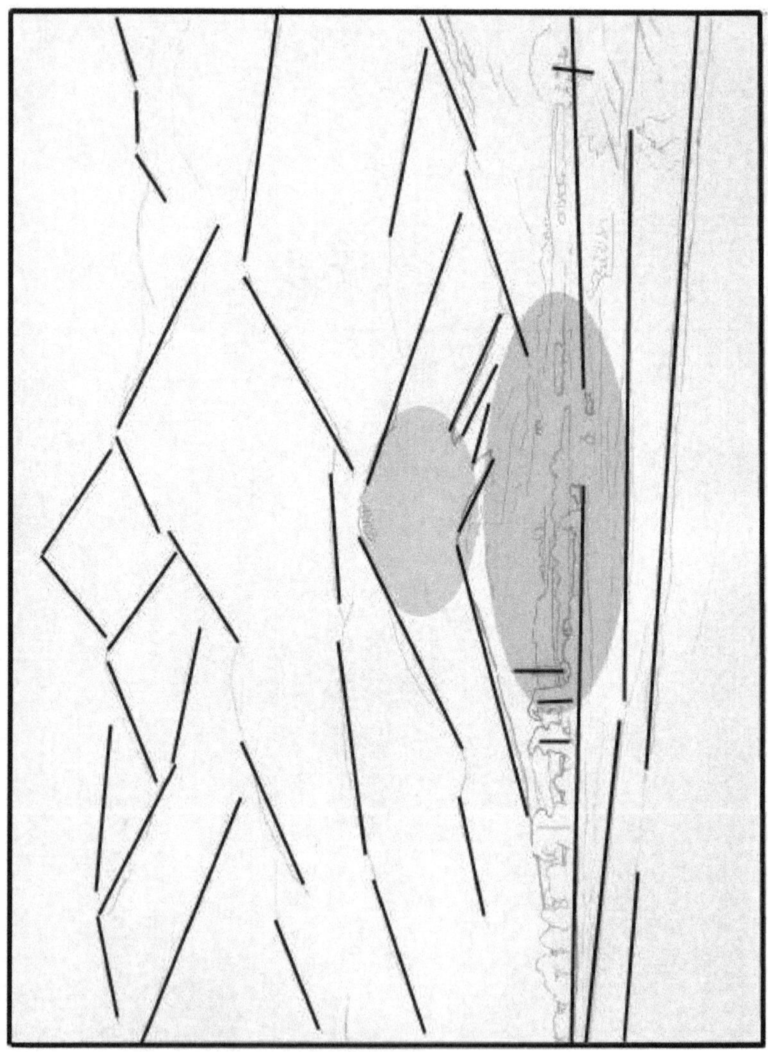

Abbildung A: 1.2 Kompositionsskizze mit eingezeichnetem Zentrum

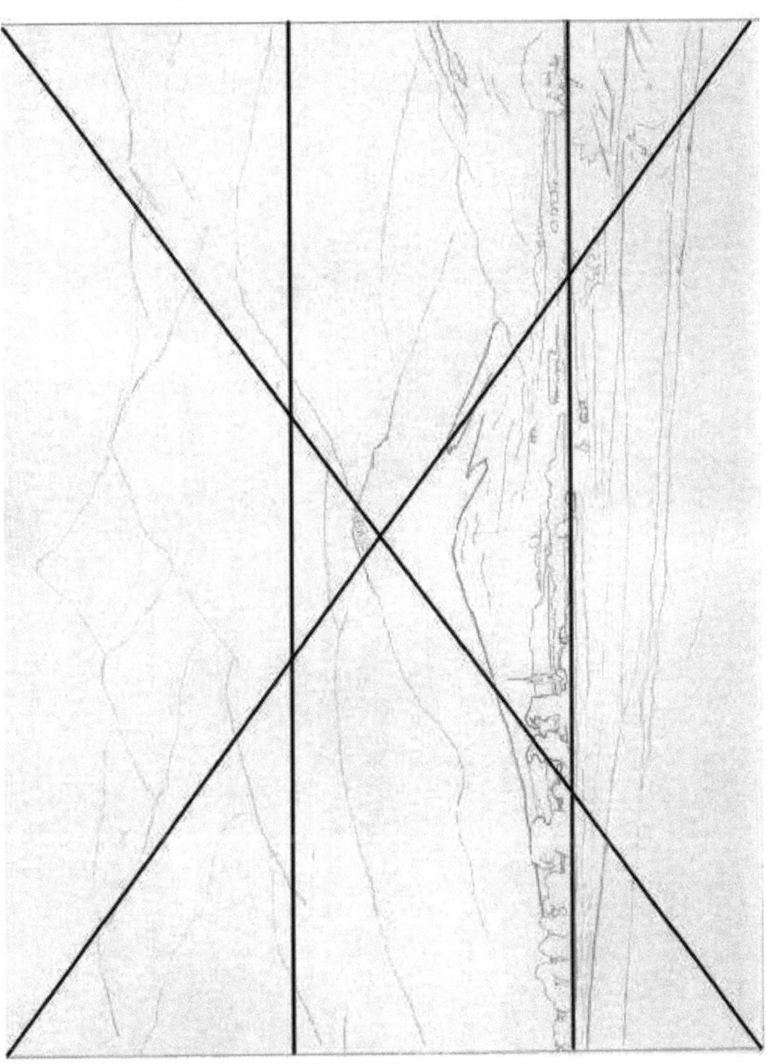

Abbildung A: 1.3 Bildaufteilungsskizze

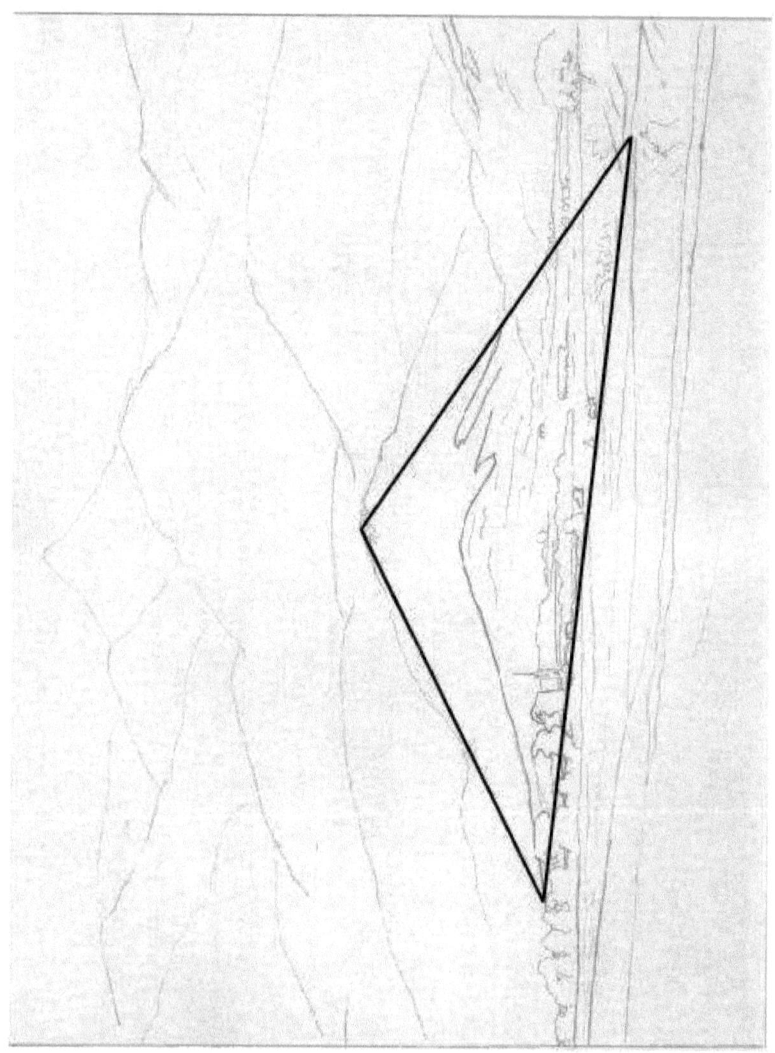

Abbildung A: 1.4 Blickverlaufsskizze des Betrachters

<u>1.5 Farbverlaufsskizze</u>

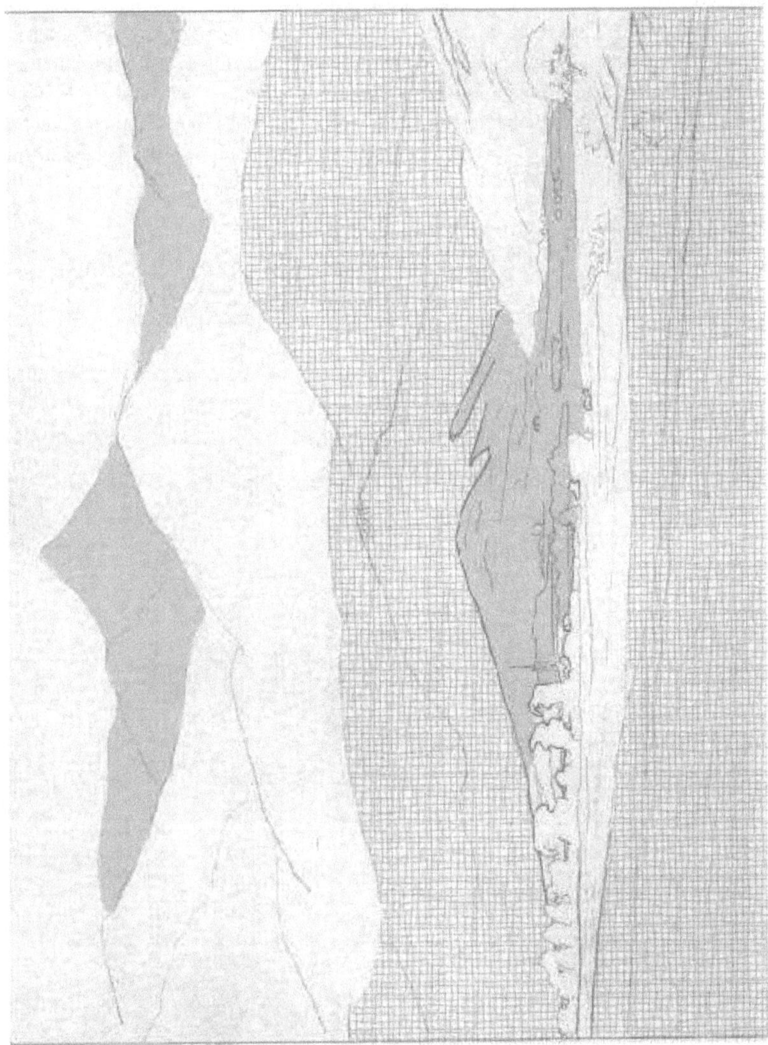

Abbildung A: 1.5 Farbaufteilungsskizze

Gelb = Grau
Grün = Kariert

2. Skizzen – Franz Marc (B)

Für dieses Bild fiel die Entscheidung auf eine Anfertigung von fünf Skizzen. Diese umfassen eine Übersetzung des Gemäldes in eine vereinfachte, auf Umrisslinien reduzierte Zeichnung, eine Kompositionsskizze mit Darstellung des Bildzentrums, der Skizzen zur Bildaufteilung sowie dem Blickverlauf folgen und letztlich eine Verdeutlichung der Farbaufteilung von Gelb- , Blau- und Rottönen im Bild. Ausgehend von diesen fünf Hauptaugenmerken kann nun die ausführliche schriftliche Analyse des Bildes erfolgen.

2.1 Blankoskizze

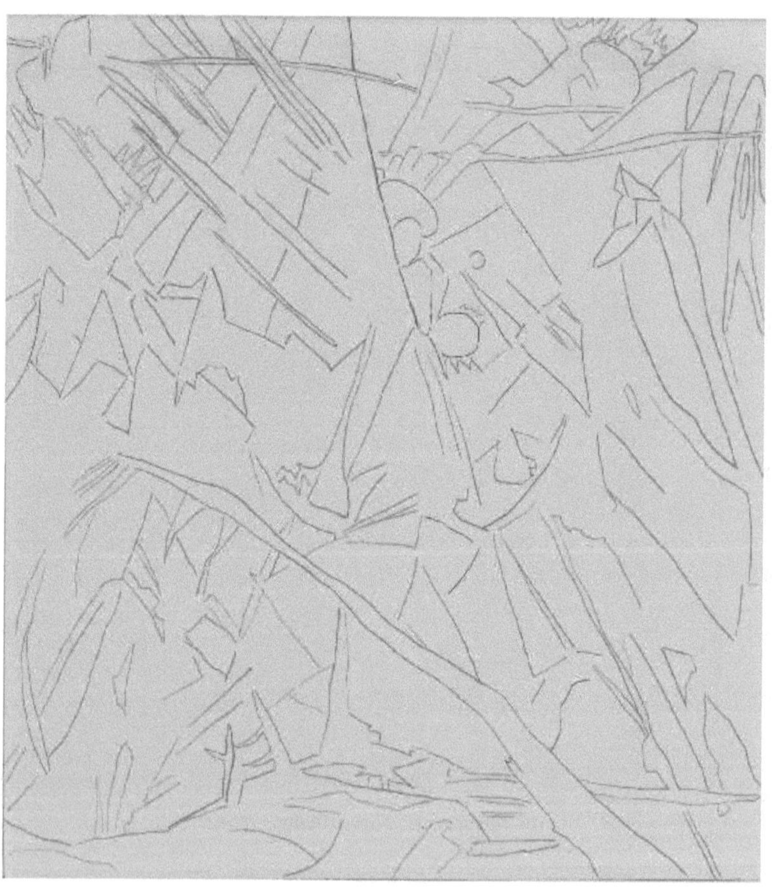

Abbildung B: 2.1 Blankoskizze

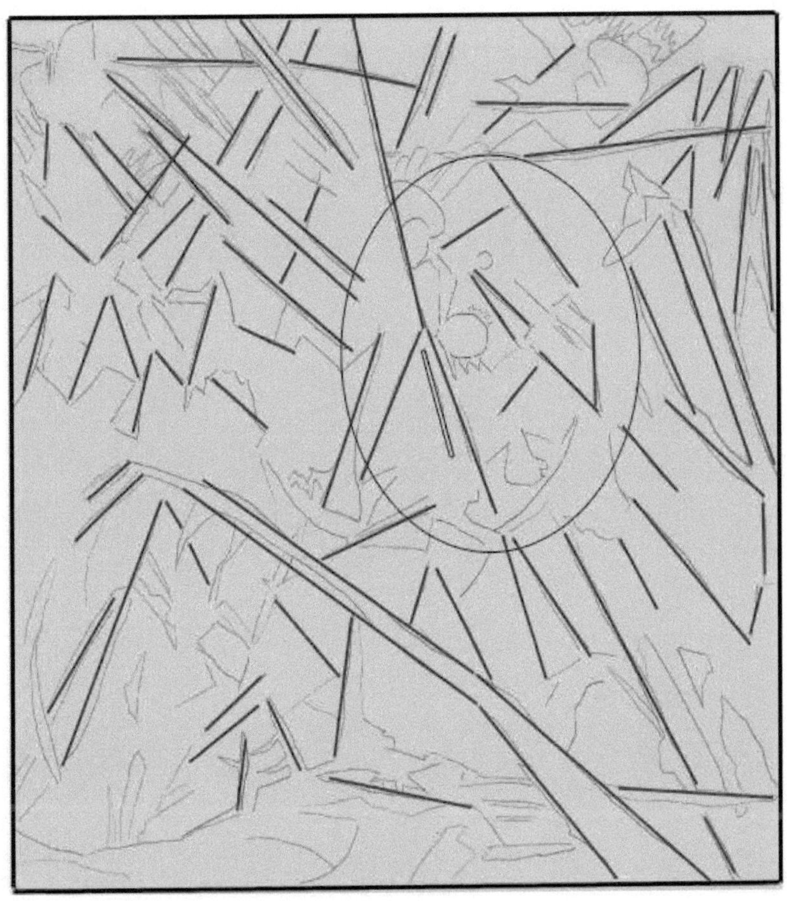

Abbildung B: 2.2 Kompositionsskizze mit eingezeichnetem Zentrum

2.3 Bildaufteilungsskizze

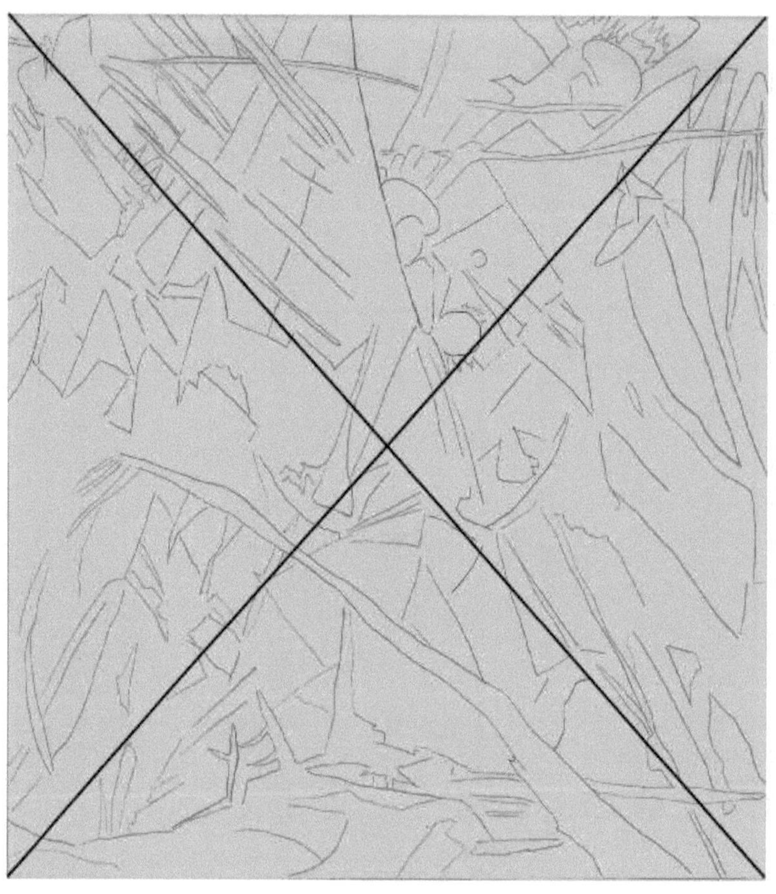

Abbildung B: 2.3 Bildaufteilungsskizze

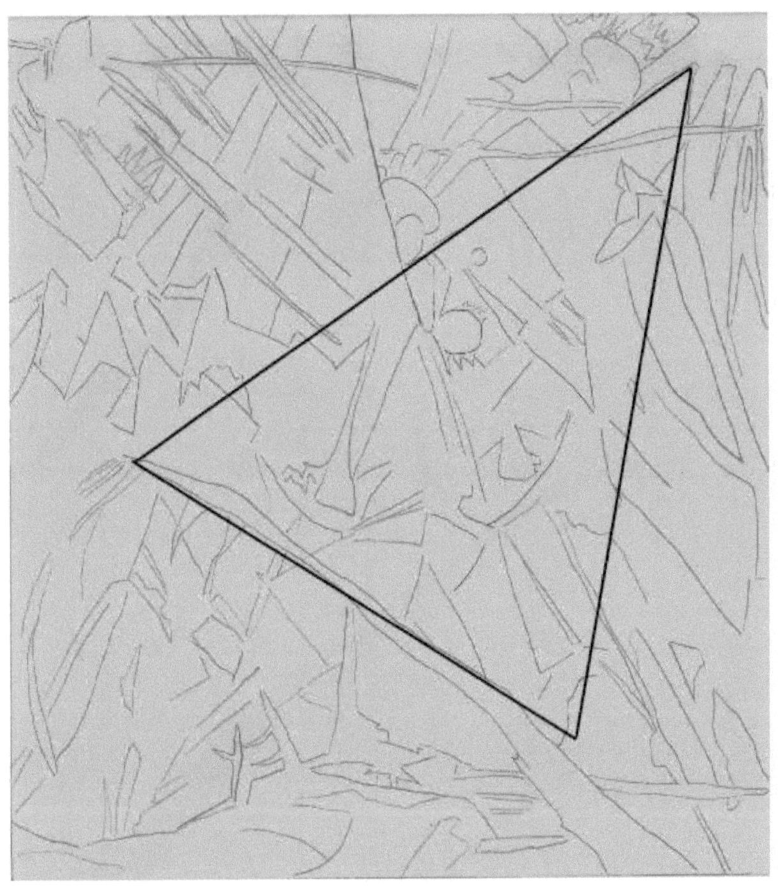

Abbildung B: 2.4 Blickverlaufsskizze des Betrachters

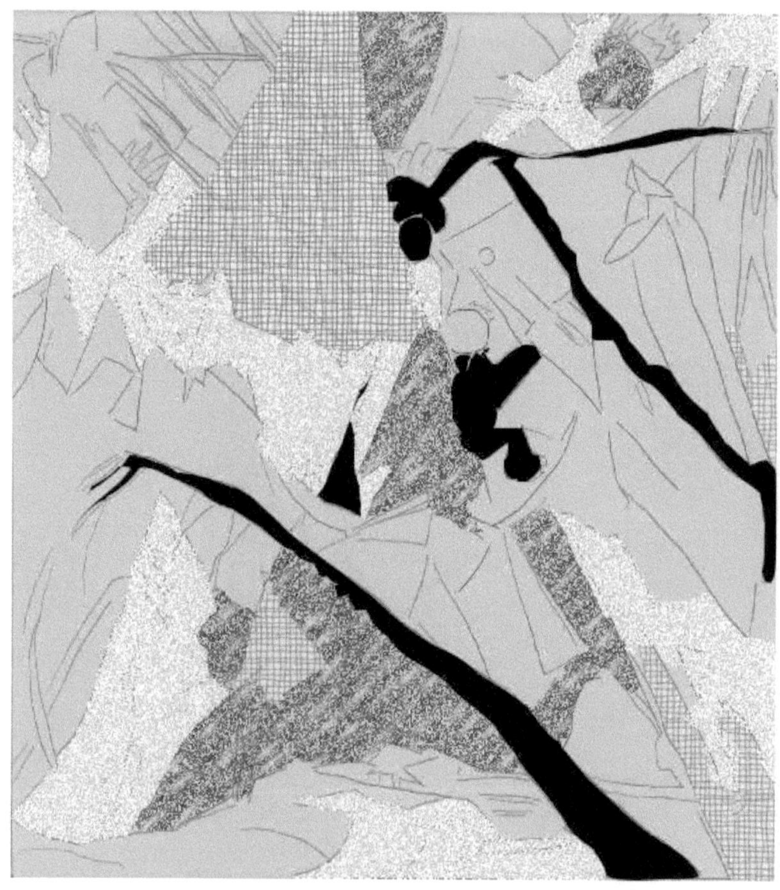

Abbildung B: 2.5 Farbaufteilungsskizze

Schwarz = Schwarz
Gelb = Kariert
Rot = dunkel gesprenkelt
Blau = hell gesprenkelt

Aus bildrechtlichen Gründen sind genannte Werke für die Analyse bitte eigenständig in Büchern oder dem Internet zu suchen.

Alle Skizzen wurden angefertigt von Sebastian Kneißl.

Eine ebenfalls auf diesen beiden Bildern basierende, jedoch anders formulierte Aufgabe wurde im bayerischen Ersten Staatsexamen für Lehramt an Realschulen gestellt.

Die hier abgehandelte Werkanalyse ist ein möglicher Lösungsansatz. Es wird an dieser Stelle darauf verwiesen, dass es nie nur einen korrekten Interpretationsansatz sowie eine korrekte Analyse geben kann. Die vorgestellte Version dient als Orientierung und lädt zu weiteren Nachforschungen sowie eigener Meinungsbildung ein